ЛУЧШАЯ КОМПАНИЯ ДЛЯ БИЗНЕСА И ПУТЕШЕСТВИЙ

- И она Вас приглашает!

АЛЕКС КОРОЛЕВ

Copyright @ 2024 by

Travorium Company

and Alex Korolev

All Rights Reserved

Здравствуйте. Автор этих строк живет в США более тридцати лет. Пробовал себя в различных компаниях, как работая на кого-то, так и в своих бизнесах.

Если бы меня спросили, что я ищу в плане бизнеса в этой жизни, я бы сказал, что ищу такой бизнес, который бы мне позволил жить в свое удовольствие и часто путешествовать. Наконец я нашел такую компанию. Хочу вам про нее рассказать.

Делать деньги из дома... и откуда угодно...а в остальное время- путешествовать!

Я хочу рассказать о необычной компании- Travorium. Здесь и далее размещены таблицы с официального вебсайта и других онлайн источников компании Траориум.

Membership Benefits and Platforms

Travel Site
Hotels, Flights, Cars, Cruises, Activities

Dreamcation
World Tours and Getaways

Entertainment
Concerts, Theme Parks, Sporting Events, Broadway Shows, Museums & Attractions etc.

Вебсайт компании многоязычный, и когда и если Вы к нам присоединитесь, то если Вам удобнее иметь все или почти все страницы на русском языке, Вы можете выбрать опцию русского языка на Вашей странице в Вашем back office (Вашем разделе Вебсайта компании), которая будет уже через неделю после Вашего входа предоставлена Вам компанией.

Кстати, в компании регулярно (несколько раз в неделю, почти каждый день, а часто и более одного раза в день, для участников из разных часовых поясов) проводятся презентации на Зуме на русском языке, как для нас, абонентов (участников) с целью обмена опытом, так и для тех, кто, как читатели этих строк, заинтересуется и будет думать о присоединении к нашей компании (в конце этой брошюры даются как контакт для выхода на автора этих строк по вопросам членства, так и QR код и ссылка на то, чтобы официально присоединиться к нашей компании).

Делать деньги из дома... и откуда угодно... а в остальное время- путешествовать!

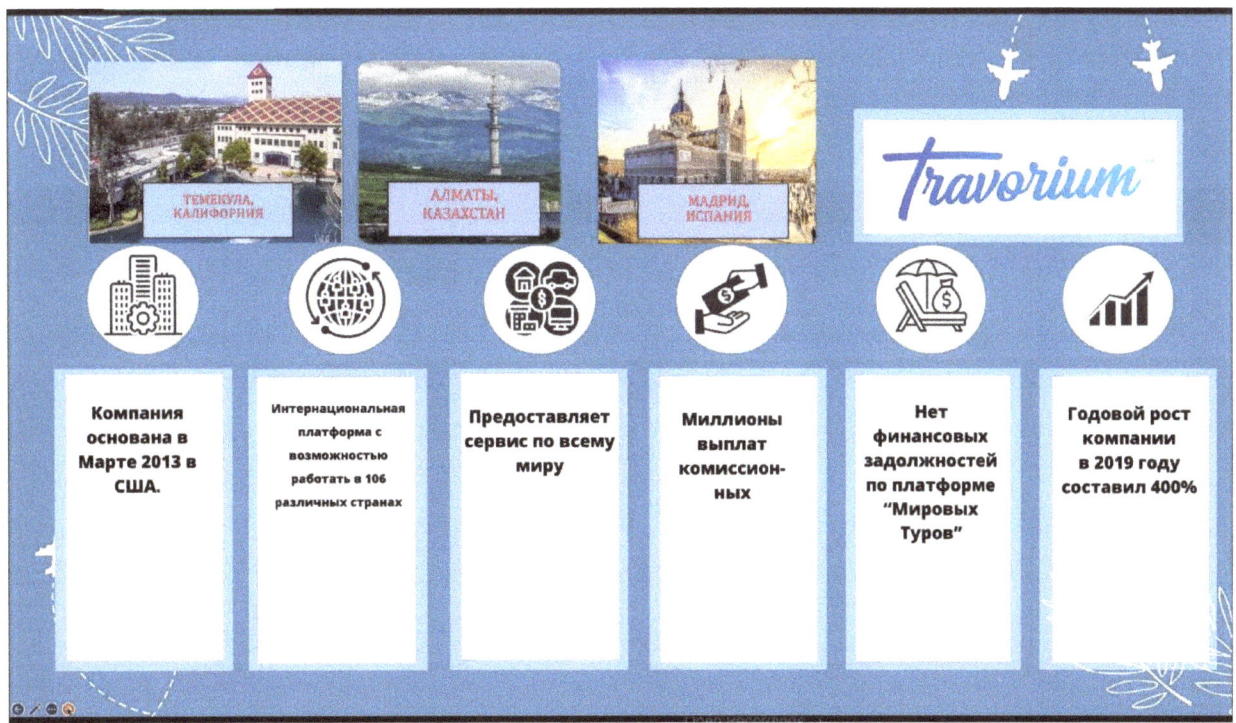

Делать деньги из дома... и откуда угодно... а в остальное время- путешествовать!

С 2013-го года компания работает как закрытый туристический клуб для тех, кто в него вошел, и это происходит благодаря ее основателям- супружеской паре с огромным опытом- Дэвиду и Аделе Харт. На момент, когда пишутся эти строки, у компании 3 оффиса: Temecula, California, USA; Madrid, Spain; Алматы, Казахстан. Компания непрерывно растет.

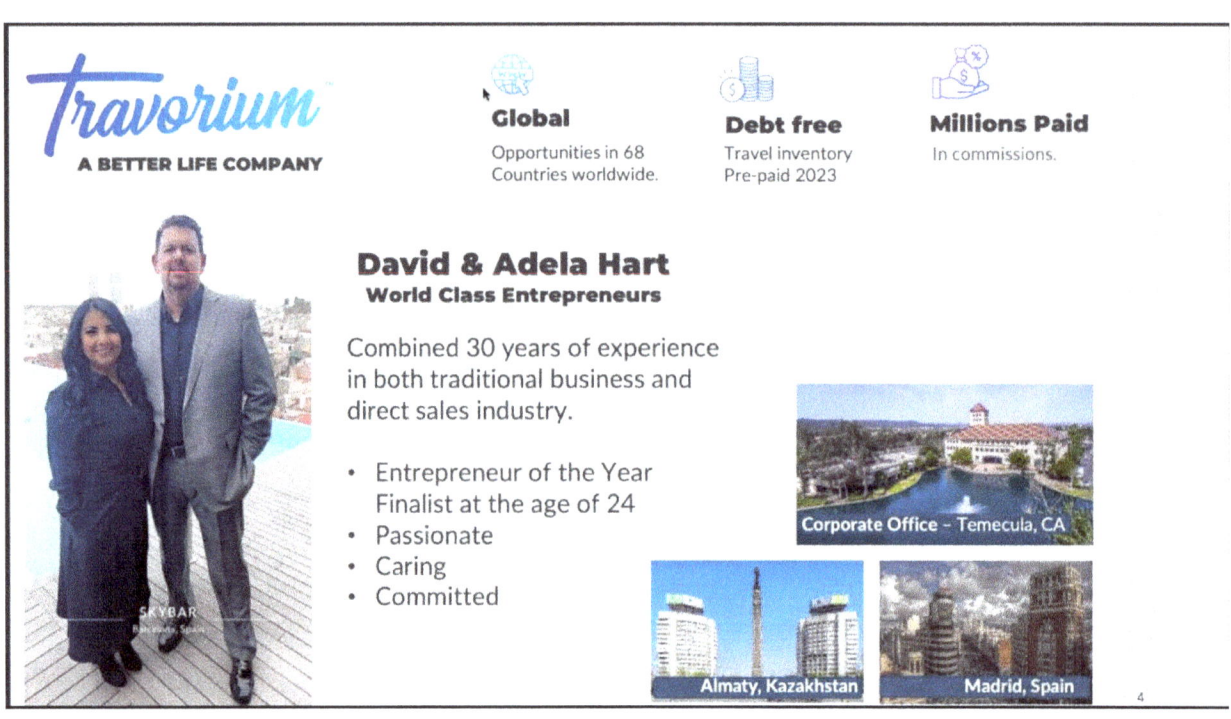

В 2019-м году компания показала рост в 400 процентов, а когда началась эпидемия Ковида она выросла втрое. Это показывает, что когда случается такая катастрофа, и государство начинает делать ограничения на бизнесы, то те из них, которые опираются на работу индивидуальных предпринимателей из дома, не только выживают, но и показывают впечатляющий рост. Компания Траворум не имеет задолженностей. Хочется отметить продуманность, с которой создана структура компании. Видно, что она создана не на короткий срок, а надолго. Продумано даже то, что когда нас не станет, наше место в структуре компании, какого уровня мы бы ни достигли- Директор, Амбассадор-передается нашим наследникам (что показывает последний пункт следующей картинки). И это не просто реклама. В компании уже есть те участники, которые получают несколько тысяч долларов в месяц пассивного дохода, как прибавок к их основному роду работы, потому что они получили позицию, которую занимали их родители, когда были еще живы.

Делать деньги из дома... и откуда угодно... а в остальное время- путешествовать!

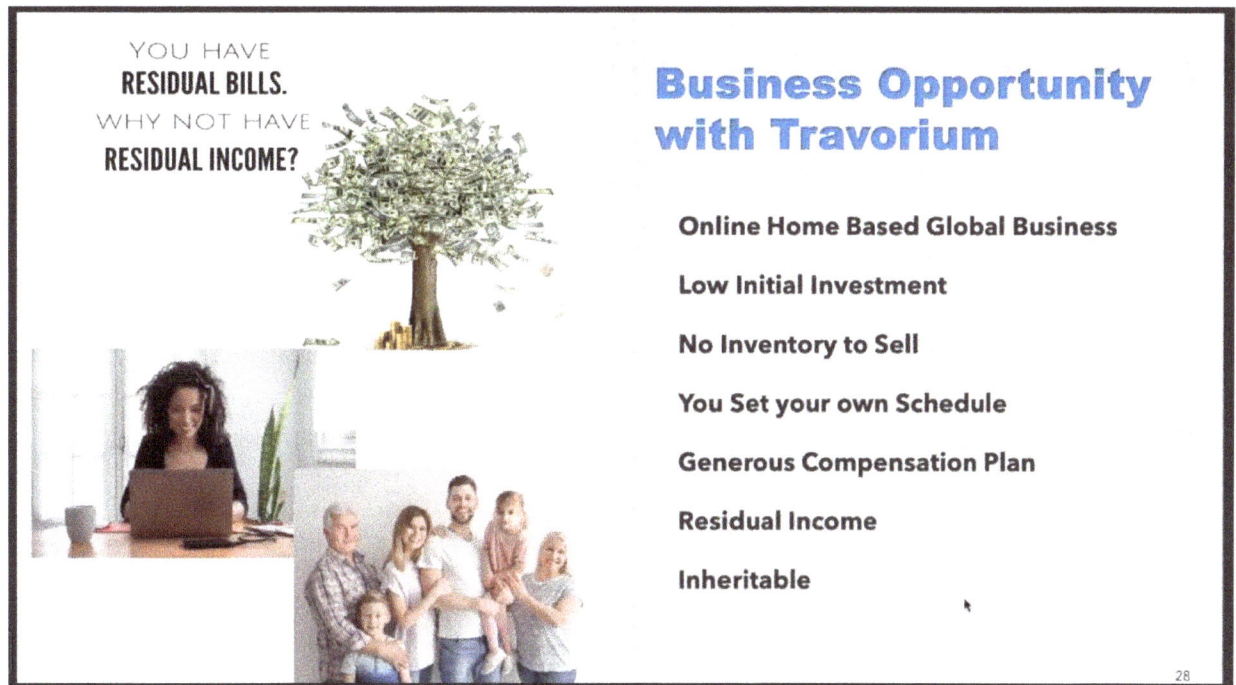

Эта компания дает тем, кто с ней сотрудничает, как например автор этих строк (именно сотрудничает в статусе независимого контрактора) и путешествия, иногда почти бесплатные, и неплохо заработать. Например, активные участники со статусом

Амбассадора зарабатывают от 10 до 14-ти тысяч долларов в месяц. Не говоря уже о том, что потом по результатам года большая часть доходов законно списывается с наших налогов, потому что мы используем наши путешествия, чтобы привлечь новых участников, то есть, мы работаем. Компания растет, число стран (на момент, когда пишутся эти строки, их более шестидесяти) все время увеличивается, оффисы будут добавляться. Так как эта брошюра на русском языке, то тут необходимо упомянуть, что в связи с военными действиями между Россией и Украиной, пока на момент, когда пишутся эти строки, жители этих двух стран не могут быть включены в число участников. Исключение составляют выходцы из этих стран, (как и любых других), которым исполнилось 18 лет, которые могут предъявить какой-либо документ, свидетельствующий о их проживании в стране, включенной в число участников, с адресом в этой стране, и кредитной карточкой, выданной банком этой страны. Список стран- участниц на момент, когда пишутся эти строки: (Криптовалюта также принимается от жителей этих стран)

- Antigua & Barbuda
- Argentina
- Aruba
- Australia
- Austria
- Bahamas
- Barbados
- Belgium
- Belize
- Bolivia
- Canada
- Chile
- Colombia
- Costa Rica
- Curaçao
- Cyprus
- Denmark
- Dominica
- Dominican Republic
- Ecuador
- El Salvador
- Estonia
- Fiji
- France
- French Guiana
- French Polynesia
- Germany
- Guadeloupe
- Guam
- Honduras
- Hungary
- Iceland
- Ireland
- Israel
- Italy
- Jamaica

- Kazakhstan
- Kyrgyzstan
- Madagascar
- Malta
- Martinique
- Mauritius
- Mayotte
- Mexico
- Morocco
- Netherlands
- New Caledonia
- New Zealand
- Norway
- Panama
- Papua New Guinea
- Peru
- Philippines
- Poland
- Portugal
- Reunion
- Kenya
- Latvia
- Luxembourg
- Romania
- Saint Lucia
- Saint Martin
- Seychelles
- Singapore
- Solomon Islands
- South Africa
- Spain
- Sweden
- Switzerland
- Tanzania
- Tonga
- Trinidad & Tobago

- Turks and Caicos Islands
- United Arab Emirates
- United Kingdom
- United States
- U.S. Virgin Islands
- Uruguay
- Uzbekistan
- Wallis and Futuna
- Zambia

Страны, от жителей которых на момент, когда пишутся эти строки, принимаются только платежи в Криптовалюте:

- Angola
- Anguilla
- Benin
- Bermuda
- Bulgaria
- Cayman
- Islands
- Cook Islands
- Czech Republic
- Greece
- Guatemala
- Ivory Coast
- Lithuania
- Monaco
- Nicaragua
- Nigeria
- Paraguay
- Saint Barthelemy
- Saint Kitts and Nevis
- Saint Vincent and The Grenadines
- Sint Maarten
- Thailand
- Togo

- Uganda
- Vanuatu
- Zimbabwe

Индустрия туристического бизнеса является одной из самых прибыльных. В прошлом году ее доход составил более 9-ти триллионов долларов. Не зря недавно опубликованный список поисков крупнейших интернет-компаний в мире из десяти популярнейших интернет-компаний включал в себя две туристических:

1. Amazon
2. Google
3. Facebook
4. Tencent
5. Alibaba
6. Baidu
7. ***Priceline***
8. Ebay
9. Netflix
10. ***Expedia***

Тут надо отметить, что на данный момент весь онлайн туристический бизнес поделен между двумя компаниями: Expedia Group и Booking Holdings. Expedia Group включает себя такие компании, как Hotwire, Hotels.com, Trivago, и другие. Booking Holdings включает в себя Agoda, Booking.com, Kayak, OpenTable, Priceline и другие. Причина того, что цены в нашей компании намного ниже- то, что львиная доля расходов тех компаний приходится на рекламу, а у нас ее нет.

Основная идея структуризации компании, - взять структуру и бенефиты МЛМ (Multilevel Marketing), для того, чтобы а) сэкономить на рекламе и б) показывать людям, как они могут путешествовать чуть ли не бесплатно и еще зарабатывать на этом деньги. И эта идея оказалась очень удачной. Потому что все мы мечтаем путешествовать много и недорого, а тут еще и возможность хорошо зарабатывать. Когда мы становимся участниками, к нашим услугам Вебсайт, на котором мы можем зарезервировать практически любые виды отдыха по ценам, гораздо ниже тех, по которым мы могли бы зарезервировать через компании, указанные выше. Разница составляет тысячи долларов, в зависимости от числа дней. Кроме того, так же, как минимум раз в год мы получаем почти бесплатные путешествия, где мы платим только налог и за дорогу. Плюс два подарочных за те баллы (пойнты), которые собираются на наши месячные взносы. После зачета Ваших пойнтс, которые Вы накопили меньше чем за год, Ваш отпуск в фешенебельном отеле-курорте может стоить и 7, и 148 долларов, как у автора этих строк всего через две недели после присоединения к числу участников. «Каждый месяц Вашего членства дает Вам пойнты путешественника»... Такая вот у вас свинья-копилка, которая каждый месяц на внесенные Вами 135 долларов начисляет Вам 270 пойнтов, как говорится в этой таблице.

Делать деньги из дома... и откуда угодно... а в остальное время- путешествовать!

Пятая платформа- The Dreamcation. Для примера- вот что появилось у автора этих строк на **The Dreamcation Platform** через те же две недели после вступления в компанию: (Полностью скопировано с моей странички на нашем вебсайте). Для тех, кому удобнее по-русски- как уже было сказано выше- когда Вы станете участником, Вы сможете выбрать русский текст для своей странички на сайте.

Membership Level you Qualify for: **Platinum Travel Membership**

Current Travel Points: **270**

Each point buys down the retail price shown on the Dreamcation platform. Use the links on the left navigation to get your access.*

Делать деньги из дома... и откуда угодно... а в остальное время- путешествовать!

Travorium provides exceptional value to its members by leveraging its buying power to negotiate incredible rates for vacation stays. Every month we award our members **travel points** that can be used in our Dreamcation Platform for World Tours and Getaways.

With the Travorium membership, your travel points work to buy down rates on over 2,000 resorts around the world where you can go on a Getaway for 7 nights & 8 days for as little as $1.00 per night as a Platinum member and for as little as $14.14 per night as a Titanium member.

A member can also buy down the price of our exclusive World Tours. These tours are to some of the most sought after locations. A World Tour is a packaged travel plan that is open to all Travorium members*. Prices can be bought down with travel points to as low as $199. That is a 70% savings based on retail pricing!

*Silver memberships are not eligible for World Tours

Вы спросите: «Сколько это все стоит?». У компании есть 3 пакета- Серебряный, Титановый и Платиновый. У всех наших коллег или платиновый сразу, или они потом на него перешли, потому что с ним вы больше сэкономите на резервировании и больше всего имеете возможность заработать. Например, Серебряный пакет дает возможность доплаты до 50 процентов стоимости Вашими накопленными пойнтами.

Делать деньги из дома... и откуда угодно... а в остальное время- путешествовать!

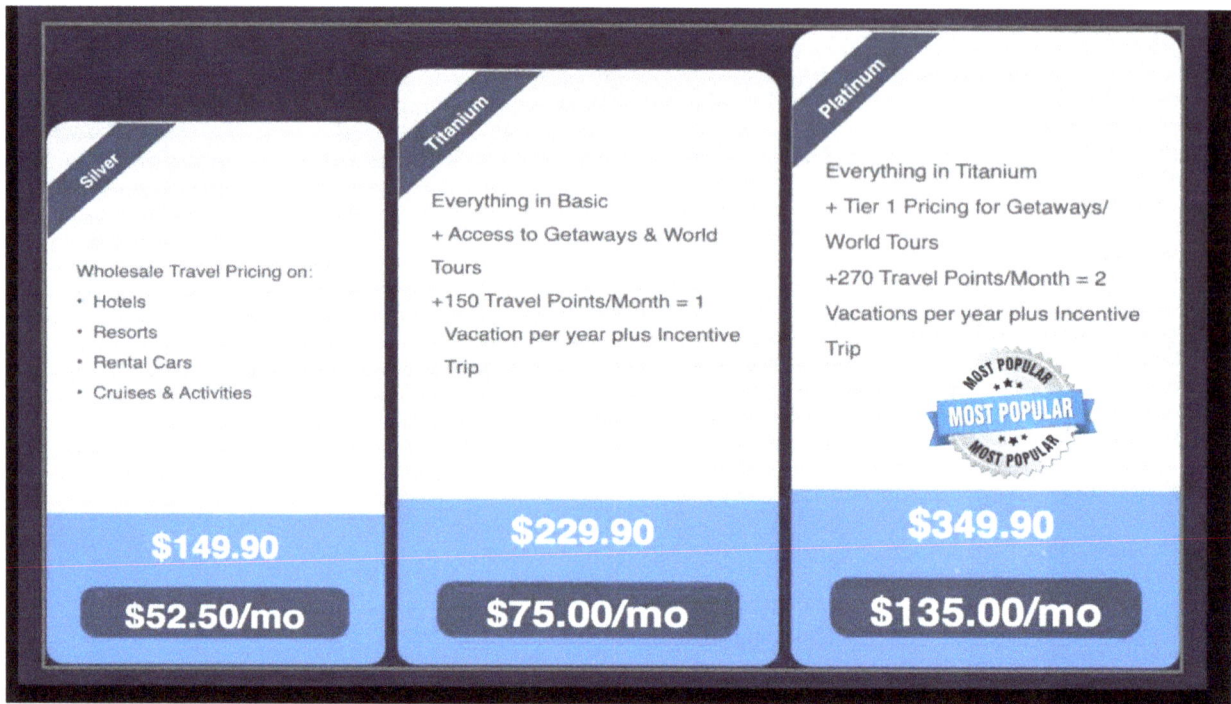

Для начала- как только Вы приведете троих новых участников, те месячные взносы, которые Вы будете вносить, (и на которые к тому же будут накапливаться пойнты, которые будут добавляться к деньгам за оплату Вашего отдыха) полностью перекроются пассивным доходом, получаемым Вами от компании за каждого приведенного Вами нового участника-отличная referral program! Как Вы видите из таблицы ниже, Ваши взносы в этом случае полностью покрываются. Но если Вы на этом не остановитесь, то с увеличением участников, которые придут благодаря Вам, Вы будете продвигаться вверх по оплате и статусу- от директоров разного уровня до Амбассадоров, которым также дается оплачиваемый отпуск, подарки и пр. Очень много участников, начав с членства как Part time, потом перешли на Full time.

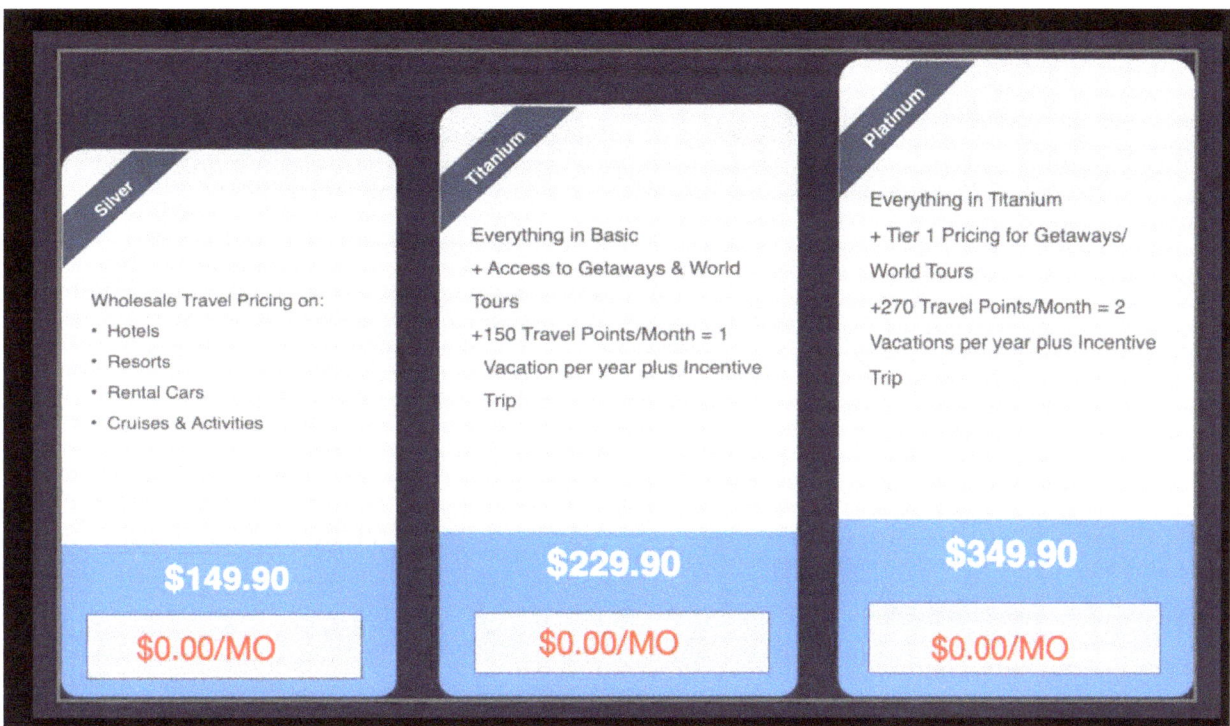

После того как Вы подключили первых троих участников и Ваши месячные взносы стали покрываться (Вы будете получать $4.45 в день, плюс несколько десятков долларов за каждого нового участника, плюс сколько-то долларов за тех, кого приведут те участники, которых привели Вы), и все по возрастающей шкале, о чем сообщают таблицы внизу.

Ниже приводятся платежные расписания начиная с первого дня участника, хотя есть еще некоторые доплаты, которые здесь не указаны.

Делать деньги из дома... и откуда угодно... а в остальное время- путешествовать!

SHARE WITH 3 PEOPLE AND EARN TRAVEL POINTS AT NO COST

Platinum Pack Bonus – Commissions

Ranks	LEFT	RIGHT	Daily Pay	Monthly Pay
Platinum Director (3)	3 Personal Partners		$4.45	$135
1 Star Director (4)	8	8	$10.00	$300-$400
2 Star Director (5)	25	25	$25	$750
3 Star Director (7)	63	63	$70	$2,100
4 Star Director (9)	125	125	$100	$3,000
Ambassador	188	188	$140	$4,200
1 Star Ambassador	375	375	$225	$6,750
2 Star Ambassador	750	750	$300	$9,000
3 Star Ambassador	1,250	1,250	$400	$12,000
4 Star Ambassador	2,250	2,250	$600	$18,000
5 Star Ambassador	3,000	3,000	$800	$24,000
Presidential Ambassador	6,000	6,000	$1,600	$48,000

Делать деньги из дома... и откуда угодно... а в остальное время- путешествовать!

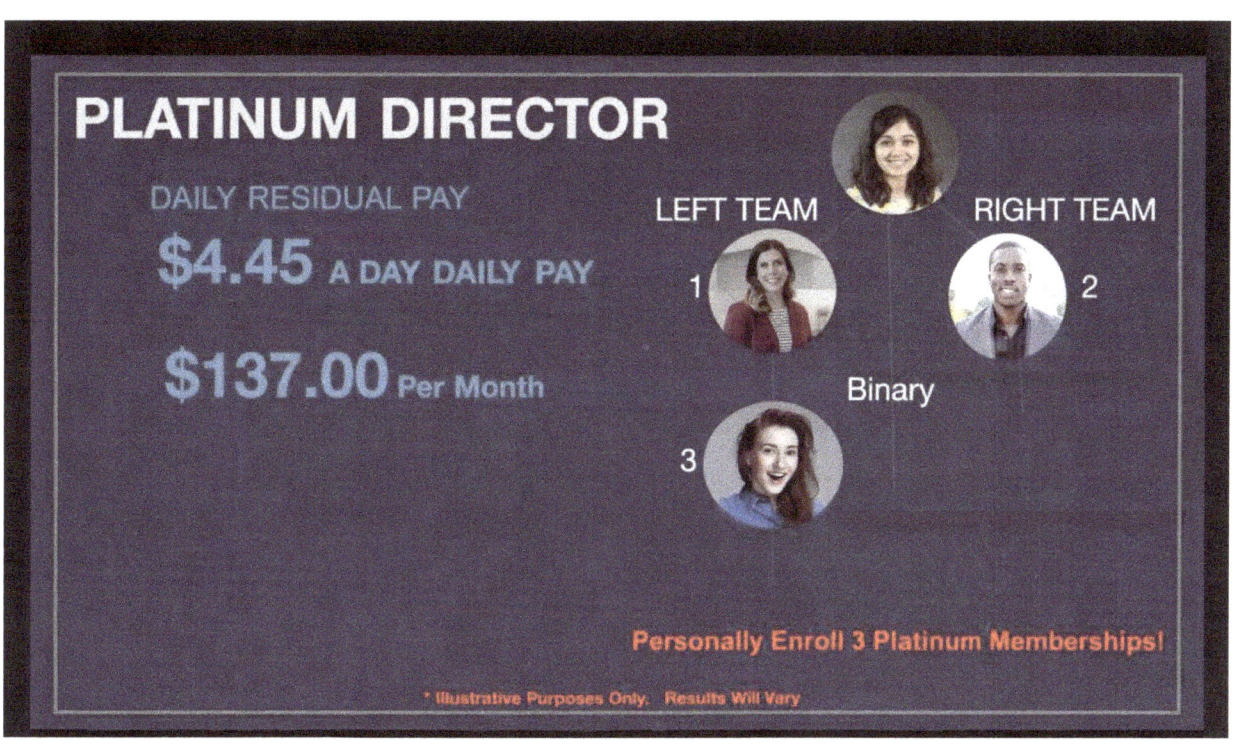

Делать деньги из дома... и откуда угодно... а в остальное время- путешествовать!

Среди знакомых автора этих строк есть Амбассадоры. Обычные люди с хорошими коммуникативными способностями, некоторые из них с этой компанией менее года. На следующей таблице- фото 15-ти Амбассадоров компании.

Делать деньги из дома... и откуда угодно... а в остальное время- путешествовать!

Амбассадоры, вдобавок ко всему вышеуказанному, получают дополнительные бонусы, включающие также дорогие подарки, указанные на этой таблице, как часы (с бриллиантами- для дам), а также подарочные карточки из магазина Louis Vuitton, которые дадут Вам возможность выбрать себе подарок на Ваш вкус в одном из тех магазинов.

Если Вы попробуете отгуглить название нашей компании, то чего только вы там не найдете. И, как всегда, мнение вечно недовольных. Одному не нравится, что в том здании оффиса в Темекуле есть еще какие-то компании, хотя эта практика размещения нескольких представительств в одном здании очень распространена в США повсеместно. Другой говорит, что это пирамида. Это утверждение не соответствует действительности.

Основные отличия МЛМ Травориум от финансовых пирамид:

1. В финансовой пирамиде выигрывают самые первые. В МЛМ Травориум не имеет никакого значения, кто когда пришел. Формула успеха одна, сдельная, работает для всех одинаково. Чем больше людей Вы привлечете, тем больше получите вознаграждение.
2. Травориум имеет четкие, утвержденные, публикуемые на сайте в открытом доступе платежные расценки, в соответствии с которыми Ваши заслуги по

привлечению новых участников в компанию будут гарантированно оплачиваться согласно публикуемых расценок для Вашей позиции.
3. А если никого не привлечете, то Ваши месячные взносы в любом случае аккумулируются в пойнты, которые работают как дополнительные деньги на Ваши путешествия. В отличие от потерянных денег в финансовых пирамидах.
4. Компания в бизнесе больше 10-ти лет отнимает клиентов у больших онлайн компаний, и если бы в работе компании было что-то незаконное ее давно бы прикрыли, отдав под суд ее основателей.

Ниже приведены скриншоты с ценами на некоторые курорты для нас, наших семей и знакомых, сделанные в наших back office с наших различных платформ.

Делать деньги из дома... и откуда угодно... а в остальное время- путешествовать!

Делать деньги из дома... и откуда угодно... а в остальное время- путешествовать!

А на этом Сайте Развлечений чего только нет- практически что угодно на любой вкус. От шоу Ваших любимых артистов до дорогих software programs, которые можно купить за 39 долларов.

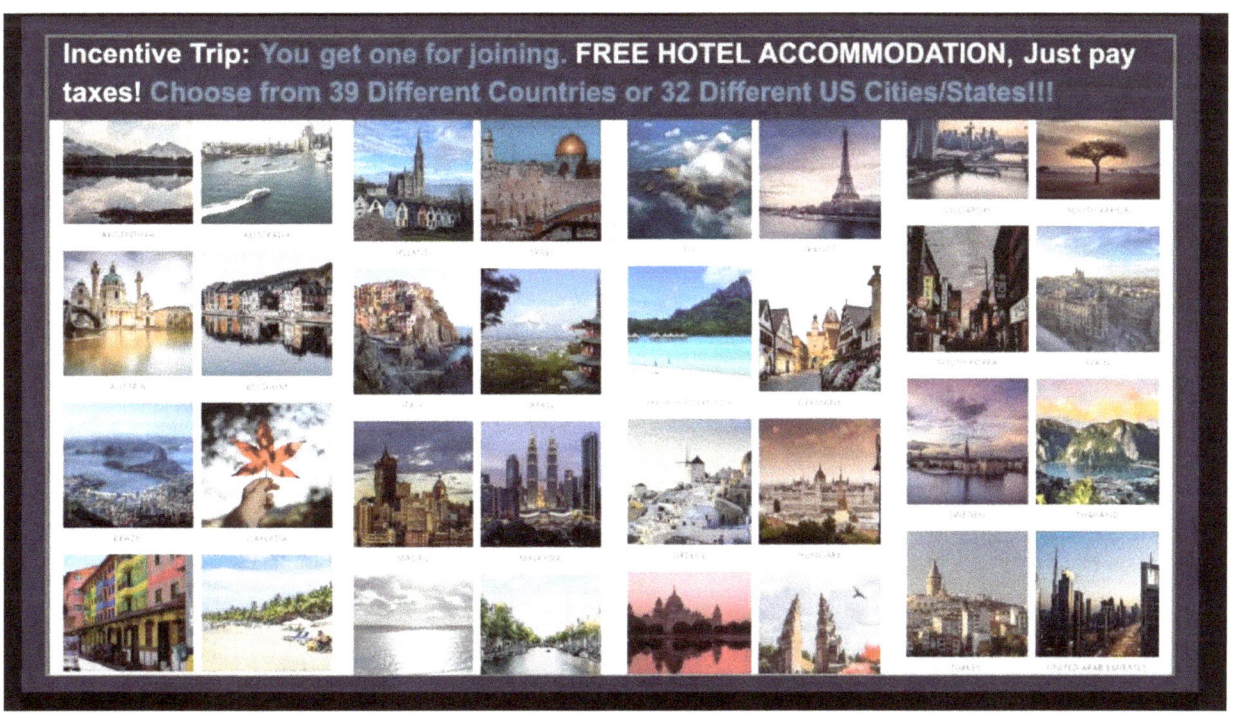

На следующей таблице дана более детальная разбивка вступительного взноса платинового абонента.

Делать деньги из дома... и откуда угодно... а в остальное время- путешествовать!

То есть, за $79.95 в год Вы получаете маркетинговый сайт на все виды отдыха, ссылку на Ваш номер для рефферал, и тренинг, в том числе по вопросам Ваших налогов.

Делать деньги из дома... и откуда угодно... а в остальное время- путешествовать!

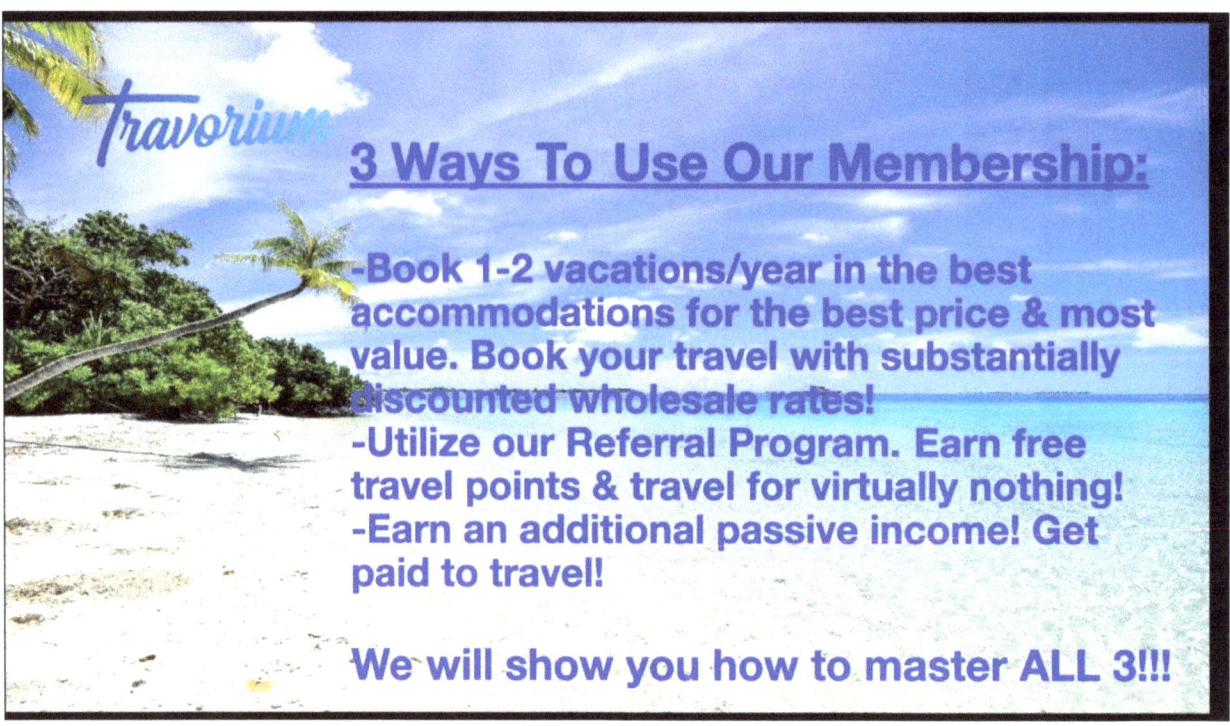

Варианты, того, как Вы можете использовать Ваше членство в нашем клубе.

1. Использовать это только для того, чтобы получить одну (для тех, кто выберет серебряный пакет) или две (для всех остальных) близкие к бесплатным по стоимости попездки в год на курорты по Вашему усмотрению.
2. Используйте нашу реферальную программу. Приведите троих новых участников и Ваше членство станет бесплатным.
3. Зарабатывайте так называемый «пассивный доход», когда Ваш заработок будет соответствовать Вашему статусу Директора, Амбассадора и пр., как указано в вышеразмещенных таблицах.

Мы помогаем освоить все три варианта! Несколько стримов в неделю!

Кроме того, Вы можете рассчитывать на помощь того, кто Вас привел в нашу компанию. Система оплаты построена очень прагматично: когда вы приводите кого-то в компанию, то вы получаете вознаграждение не только за этого человека, но также

частично и за тех, кого он/она приведут, что делает того, кто Вас привел, заинтересованным в том, чтобы помогать Вам.

Делать деньги из дома... и откуда угодно... а в остальное время- путешествовать!

Вход в нашу компанию- By invitation only! - только по приглашению конкретного участника! Это мое приглашение тем, кто прочитал эту мою брошюру. Вы можете или кликнуть на эту ссылку, если Вы читаете на Интернете и она для Вас clickable-

https://assets.travorium.com/enroll/257419/platinumpack/na/checkout Или через этот QR код-

Любые вопросы- спрашивайте! Мой емэйл alexrealhelp@gmail.com.

Если Вы недалеко от Нью-Йорка- присоединяйтесь к нашему клубу на Брайтон Бич!

Можете рассчитывать на помощь автора этих строк! Спешите присоединиться! Иначе, как говорит Уоррен Баффет, «Если ты не найдешь как делать деньги пока ты спишь, то тебе придется работать пока ты не умрешь». В нашей компании деньги приходят на наш счет, когда мы спим.

Делать деньги из дома... и откуда угодно... а в остальное время- путешествовать!

www.ingramcontent.com/pod-product-compliance
Lightning Source LLC
Chambersburg PA
CBHW040752020526
44118CB00042B/2923